十二生肖的故事

金猪拱门

猪的故事

王亚民◎主编
《紫禁城》编辑部◎编

故宫出版社

图书在版编目（CIP）数据

金猪拱门：猪的故事 / 王亚民主编；《紫禁城》编辑部编．—北京：故宫出版社，2022.3

（十二生肖的故事）

ISBN 978-7-5134-1449-4

Ⅰ．①金… Ⅱ．①王… ②紫… Ⅲ．①十二生肖—猪—文化—通俗读物 Ⅳ．①K892.21-49

中国版本图书馆CIP数据核字（2021）第246473号

十二生肖的故事

金猪拱门

猪的故事

出 版 人：章宏伟

主　　编：王亚民

编　　者：《紫禁城》编辑部◎编

责任编辑：周利楠

设　　计：王 梓

出版发行：故宫出版社

地址：北京市东城区景山前街4号　邮编：100009

电话：010-85007800　010-85007817

邮箱：ggcb@culturefc.cn

制　　版：北京印艺启航文化发展有限公司

印　　刷：北京启航东方印刷有限公司

开　　本：889毫米×1194毫米　1/16

印　　张：8

版　　次：2022年3月第1版

2022年3月第1次印刷

印　　数：1～5000册

书　　号：ISBN 978-7-5134-1449-4

定　　价：86.00元

生肖祈福

王亚民

今日天冷得很，不过天空湛蓝，像水洗过般的纯净。太阳一如昨日，依然那么火红，如果在山区农村，有多少人蹲在土墙下晒着太阳，想来是那么的惬意。

天冷，是因为数九天到了，这预示着牛年即将过去，虎年又要来临。

牛过虎临，这就是中国，这就是中国人十二生肖的变化。十二生肖，老百姓称作属相，是十二地支形象化了的十二种动物，关联起来就是子（鼠）、丑（牛）、寅（虎）、卯（兔）、辰（龙）、巳（蛇）、午（马）、未（羊）、申（猴）、酉（鸡）、戌（狗）、亥（猪）。十二生肖的起源，与早期人类的动物崇拜有关，而形成一定的体系，应该是先秦时期的事了，这可以从湖北云梦睡虎地和甘肃天水放马滩出土的秦简中找到相关的文字。当然这些文字中的生肖排序，与我们今日出入较大，而准确记载与今日相同的十二生肖传世文献，那就是东汉王充所著的《论衡》。

随着历史的嬗递，十二生肖文化内涵逐渐丰富，在黎民百姓的生活中融入了相生相克的辩证观念，表现在婚姻、人生、年运等方面，每一种生肖都有丰富的传说，并以此形成一种观念阐释系统，成为民间文化中的形象哲学。

有关十二生肖的书出版了不少，故宫出版社出版有关宫廷十二生肖的以图带文、文图结合的书这还是首次。生肖作为悠久的宫廷民俗文化符号，古往今来留下了大量描绘生肖形象和象征意义的诗歌、春联、绘画、书法和工艺作品。这套书以故宫收藏的生肖典籍为经、以收藏的文物图像为纬，形象生动地展现宫廷生肖文化之一斑，以此来表达对新春来临的希冀。

新的一年，总是充满期待的。故宫生肖，为未来祈福！

目录

第一章

生肖猪与人们的生活

猪很早就进入了人类的生活。早在旧石器时代，野猪便成为原始人类的捕猎对象，最迟在新石器时代初期，猪就成为人类最早驯养的家畜之一。到后来，『肥猪拱门』，福进家门，大吉大利，猪俨然成为一颗『幸运星』。

财气满盈猪拱门

西周　豕首玉勒
黄玉质，有沁斑，整体琢成猪头形状。

猪是大家非常熟悉的家畜，在十二生肖中压阵。我国养猪的历史已经有七八千年，《中国农业百科全书（农业历史卷）》更是指出中国是世界上最早将野猪驯化为家猪的国家。

猪作为『六畜』之一，其外形滚圆溜肥，且全身都是宝。古人常以拥有猪的数量多寡来标度地位和富裕程度，这使其成为了财富的代名词。考古发掘表明，从新石器时代开始，人们便将猪作为随葬品陪伴逝者。尽管在形式上有所差异——早期是用整猪、猪头或猪下颚骨，汉代以后则改用玉猪、陶猪、陶猪圈等模型明器，但都表达着同样的思想观念，即一方面显示逝者生前的富有程度，另一方面也希望他们能在另一个世界继续过着富足的生活。

隋　深黄釉卧猪

猪卧于地上，二目似闭非闭，似正在休息。长嘴前伸，露出獠牙，双耳上竖，仿佛对四周情况仍保持着高度的警惕性。造型生动写实。

明　青玉猪坠

青玉质，有黄色沁斑。用非常简单的几条宽阴线就圆雕出一只短吻、圆眼、俯卧的小猪形象，体现出工匠高超的技艺和对猪形象的准确把握。

猪与祭祀

猪在我国大部分地区和民族的祭祀中使用广泛。猪与牛、羊合称『三牲』，就考古发掘、文献记载和民俗风情来看，以猪祭祀最为普遍。猪骨化石比较普遍地见于新石器时代的墓葬之中，可见猪是供奉神灵的最好祭品。《礼记·礼器》云：『晏平仲祀其先人，豚肩不掩豆。』《礼记·杂记下》曰：『凡宗庙之器，其名者成则衅之以豭豚。』《墨子·迎敌祠》更是记载了上古一种祭祀方法，是以鸡、犬、羊、猪对应东南西北四个方位：『敌以北方来，迎之北坛。坛高六尺，堂密六。年六十者六人，主祭。黑旗、黑神长六尺者六。弩六，六发而止。将服必黑，其牲以彘。』

清　白玉十二辰——猪

白玉细腻莹润，用圆雕手法刻出一猪首人身形像，身着右衽长袍，双腿盘坐，左手持弓，右手持箭。

猪在祭祀中代表的方位是北方，代表的颜色是黑色，是重要的祭祀牲畜。

汉代有握玉猪的丧葬习俗，『握』是不希望死者空手而去，而『猪』是财富和富贵的象征，因此『握猪』就是在死后也要带走『财富』。

在中国大小祭祀中，猪几乎都扮演了不可或缺的重要角色，这反映了早期社会，猪作为崇拜物的地位和拥有猪肉是财富象征的文化现象。

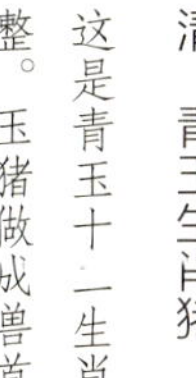

清　青玉生肖猪

这是青玉十二生肖中的一件。玉雕的底部被打磨平整。玉猪做成兽首人身形，穿着交领长衫，右手持箭，左手抱弓。

莊親王
獻臺

幸运吉祥金猪到

猪肥头大耳，憨态可掬，一向被视为幸运、吉祥、圆满的象征。

在唐代，猪是莘莘学子祈求金榜题名的吉祥物。相传唐中宗神龙年间（七〇五年~七〇七年），进士张莒游慈恩寺，一时兴之所至，将名字题在大雁塔壁。其他进士从

商 玉猪头

猪头用青绿色玉料制成，局部有黄褐色沁斑，『臣』字形的眼睛具有明显的商代特征，底部有斜圆孔，可穿绳系佩。

汉 玉猪（两件）

工匠运用线刻技巧，寥寥几笔刻画出卧猪的形象。这样的玉猪也称玉握或玉豚，在汉代墓葬中有较多的发现，一般都置于逝者手中或夹在腋下，象征握有财富。

此纷纷仿效，进而被皇家推崇，演绎为『雁塔题名』。唐人李肇《唐国史补》云：『既捷，列书其姓名于慈恩寺塔，谓之题名会。』每年科考，进士们相约来到大雁塔下，推举善书者将他们的姓名、籍贯和及第时间用墨笔题在塔壁上，以后如果有人晋升为卿相，还要把

汉　灰陶母子卧猪

母猪安详地平卧，身下的猪仔挤成一排正贪婪地吃奶。有趣的是有一只小猪没有占上吃奶的位置，焦急地在它兄弟们的头上踩来踩去寻找母亲的乳头。小小的细节使生活气息愈加浓厚。

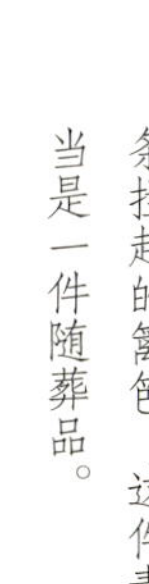

晋　青釉猪圈

筒形的猪圈里塑有一猪和食槽，猪圈的外侧作凸棱状，表示用柳条拦起的篱笆。这件青釉猪圈应当是一件随葬品。

唐　陶胎黄釉卧猪

猪平卧于地，长吻前伸，双目微闭，双耳下垂，脊背上鬃毛高耸直立，短尾偏向一侧，似正在酣睡，形态可爱。

姓名改为朱笔书写。因『猪』与『朱』『蹄』与『题』谐音，所以后世流传每当有人赶考，亲友们都会赠送红烧猪蹄，预祝『朱笔题名』。猪俨然成为一颗『幸运星』。

在人们的日常生活中，也出现了许多以猪作为造型的生活用具，如印章、镇纸、玩具等。老辈人常说：猪年是肥年，风调雨顺，五谷丰登，六畜兴旺。

在不同时期、不同地域，猪曾有过许多称呼。

古人都叫猪什么

据汉代许慎《说文解字·豕部》，公猪叫豭，母猪叫豝，小猪叫豰，三个月大的猪叫豯，六个月大的猪叫豵。劁过的猪（即阉割过的猪）叫豮。

《方言》记载：猪在『北燕、朝鲜之间谓之「豭（音家）」；关东西或谓之「彘（音质）」，或谓之「豕（音使）」；南楚谓之「豨（音希）」，其子或谓之「豚」；吴扬之间谓之「猪子」。』对于不同年龄、不同性别的猪也有专称，比如三个月的小猪叫作『豯（音希）』，六个月到一年的猪称为『豵（音宗）』，三岁的猪叫『豜（音坚）』；母猪称『豝（音巴）』，公猪称『豭（音家）』。

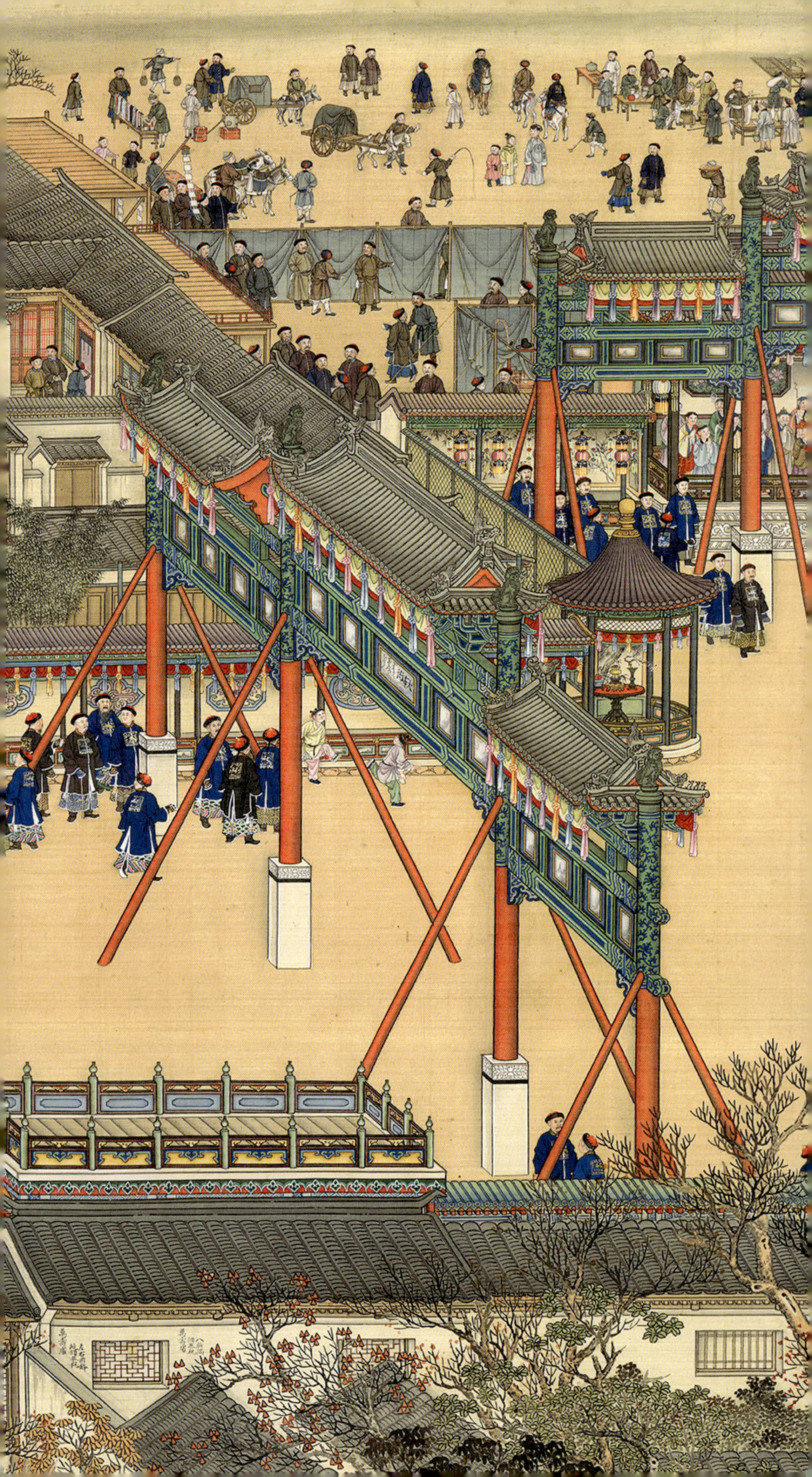

勇敢无畏守护神

野猪好斗凶猛，连老虎都怕它三分，古人也将野猪视为勇敢的象征。在甲骨文中，『敢』字由『手』和『豕（即野猪）』组成，即古人认为徒手捉野猪最能体现勇敢。王莽将其抵御匈奴的军队命名为『猪突豨勇』，也是希望军队能像野猪那样勇往直前，

猪突豨勇

作货布后六年，匈奴侵寇甚，莽大募天下囚徒人奴，名曰猪突豨勇……（服虔曰：『猪性触突人，故取以喻。』师古曰：『东方名豕曰豨。一曰，豨，豕走也，音许岂反。』）

——〔汉〕班固《汉书》卷二十四下『食货志第四下』

西晋 瓷猪首洗

这件瓷洗通体施青釉，大口，平沿，浅圆腹，平底。腹外侧饰两周弦纹和连珠纹，并等距离装饰三个铺首衔环。底部有三足，做成猪首形状，长吻前伸着地，造型新颖别致。

战无不胜。在中国北方乃至西亚、欧洲的游牧民族中，对野猪的崇拜体现得更加明显。如分布在东起西伯利亚、西到黑海，绝对年代为公元前七世纪至公元三世纪的斯基泰文化中就有大量表现野猪勇猛形象的佩饰。

清　王素

子母猪扇面

画面中茅屋旁，一只体态肥硕的母猪慈祥地注视着三只正在吃食的小猪，不远处的篱笆门外，还有一只小猪正朝食槽跑来。画面构图丰满，生动有趣，反映出和谐的田园风光。

清 任预
十二生肖图册之「猪」页

画面正中一只肥头大耳的黑猪双耳扑闪，尾巴扭动。木桩上一只喜鹊正昂首鸣叫。图中物象造型准确，比例恰当，鲜活有致，表现出画家高超的写生技巧。

宋人绘　宋太祖（赵匡胤）坐像轴
台北故宫博物院藏

属猪的皇帝

宋朝开国皇帝宋太祖赵匡胤，生于九二七年，生肖属猪。他出生于军人世家，早期随后周皇帝柴荣四处征战，立下无数战功。柴荣死后，赵匡胤于开封城外的陈桥驿黄袍加身，建立宋朝。赵匡胤先后灭掉后蜀、南汉、南唐等政权，实现了全国大部统一。

宋人绘　宋太宗（赵光义）立像轴
台北故宫博物院藏

宋朝第二位皇帝宋太宗赵光义，生于九三九年，比赵匡胤正小一轮（十二岁），生肖属猪。宋太祖赵匡胤驾崩后，赵光义即位。他使用政治压力，迫使吴越王钱俶和割据漳、泉二州的陈洪进于太平兴国三年纳土归附。次年亲征太原，灭北汉，结束了五代十国的分裂割据局面。两次攻辽，企图收复燕云十六州，都遭到失败，从此对辽采取守势，并且进一步加强中央集权。

宋朝第十位皇帝、南宋第一位皇帝宋高宗赵构，生于一一〇七年，生肖属猪。靖康之变后，其父宋徽宗和其兄宋钦宗被俘，当时还是康王的赵构即位于南京应天府（今河南省商丘市），建立南宋。在位期间，他迫于形势民心，任用岳飞、韩世忠等主战派将领抗击金军，但同时重用主和派的黄潜善、汪伯彦、王伦、秦桧等人，一味求和。后处死岳飞，罢免李纲、张浚、韩世忠等主战派大臣。

宋人绘　宋高宗（赵构）坐像轴
台北故宫博物院藏

元人绘　元世祖（忽必烈）像
台北故宫博物院藏

元朝开国皇帝元世祖孛儿只斤·忽必烈，生于一二一五年，生肖属猪。忽必烈早年四处征战，率军灭掉大理国。一二七一年建立元朝后，他派军大举进攻南宋，于一二七九年消灭南宋残余部队，实现全国统一。

明朝第十位皇帝明武宗朱厚照，生于一四九一年，生肖属猪，十五岁继位，年号正德。朱厚照即位不久，便任用以刘瑾为首的宦官『八虎』，悉以天下章奏付刘瑾，而刘瑾则日益诱导他戏玩娱乐。刘瑾伏诛后，朱厚照又日益宠信江彬，在其诱导下屡屡出巡。朱厚照在位期间因荒疏朝政，致使原已危机四伏的社会经济不断恶化，阶级矛盾不断激化，农民起义、宗室夺权接连不断。

明人绘　明武宗（朱厚照）像轴
台北故宫博物院藏

明人绘　明神宗（朱翊钧）像轴
台北故宫博物院藏

明朝第十三位皇帝明神宗朱翊钧，生于一五六三年，生肖属猪，十岁继位，年号万历。朱翊钧在位之初十年，内阁首辅张居正主持政务，实行了一系列改革措施，社会经济有很大的发展，开创了『万历中兴』的局面。朱翊钧执政后期荒于政事，因缺乏张居正这样的贤士应对督导、国本之争等问题而倦于朝政，自此二十多年不再上朝，国家运转几乎停摆。朱翊钧执政晚期，党争长期持续，导致朝政日益腐败，明朝逐渐走向衰亡。

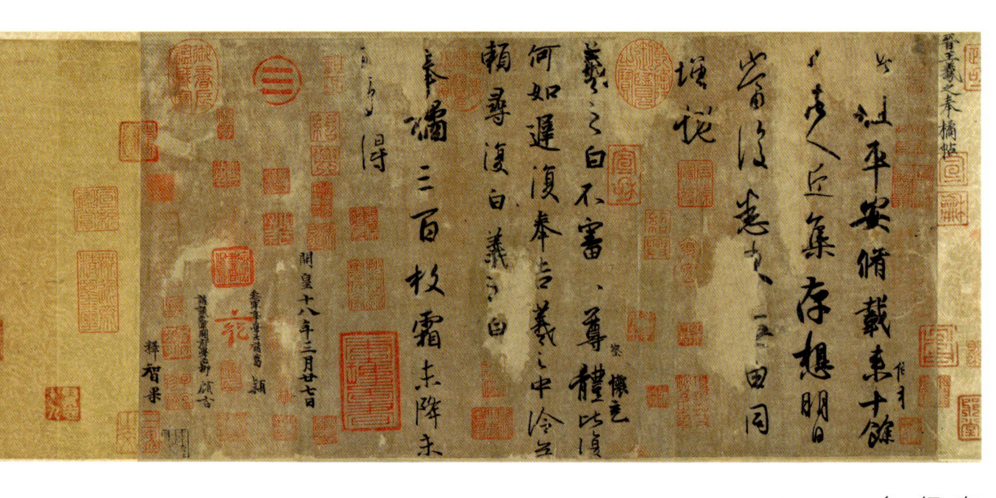

东晋　王羲之
行书平安、何如、奉橘三帖
台北故宫博物院藏

王羲之，字逸少，琅琊（今山东省临沂市）人，东晋大臣、书法家，生于三〇三年，生肖属猪，有『书圣』之美誉。王羲之凭借门荫入仕，历任秘书郎、江州刺史、会稽太守，累迁右军将军，故后人又称其为『王右军』。永和九年（三五三年），组织兰亭雅集。撰写《兰亭序》，被认为是『天下第一行书』。王羲之善书，兼善隶、草、楷、行各体，广采众长，冶于一炉，摆脱汉魏笔风，自成一家，影响深远。

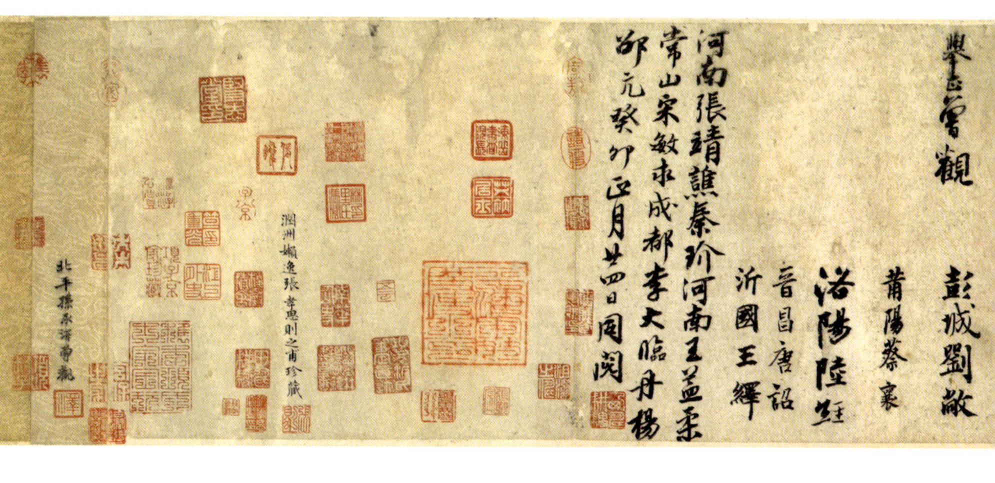

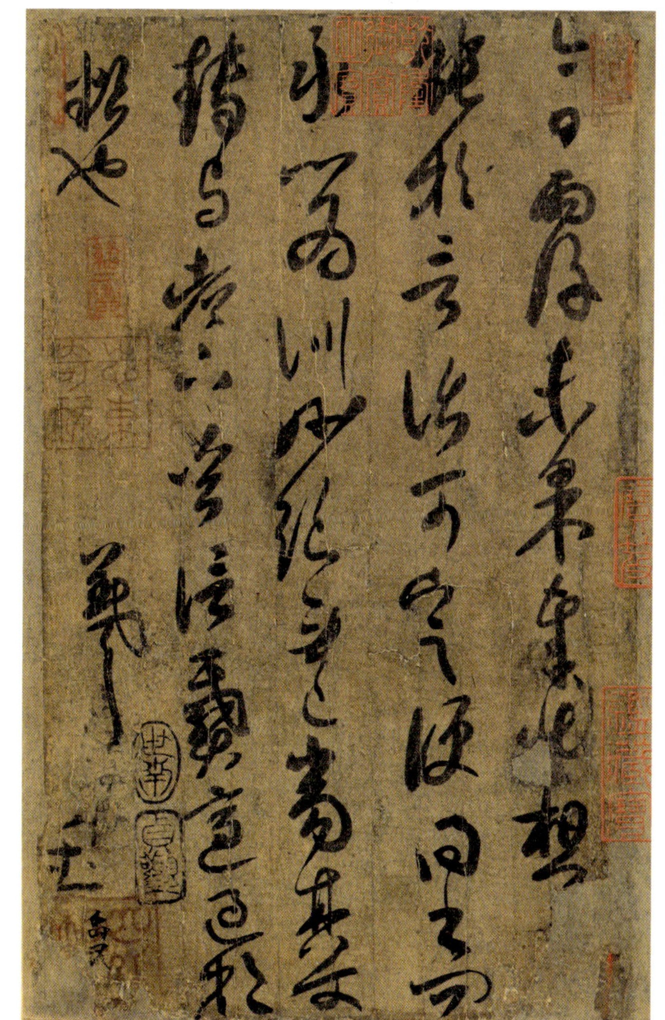

东晋　王羲之　行草书雨后帖页
台北故宫博物院藏

臣伏觀御製雪江歸棹水遠無波天長一色羣山皎潔行客蕭條鼓棹中流片帆天際雪江歸棹之意盡矣天地四時之氣不同萬物生天地間隨氣所運炎涼晦明生息榮枯飛走蠢動變化無方莫之能窮皇帝陛下以丹青妙筆備四時之景色究萬物之情態於四圖之內蓋神智與造化等也大觀

宋　蔡京跋赵佶《雪江归棹图》卷

蔡京，字元长，北宋宰相、书法家，北宋庆历七年（一〇四七年）生人，生肖属猪。曾先后四次出任宰相，任期达十七年，四起四落，堪称古今第一人。蔡京当政时兴花石纲之役，改盐法和茶法，铸当十大钱，被北宋末太学生陈东上书称为『六贼之首』。宋钦宗即位后，蔡京被贬岭南，途中死于潭州（湖南长沙）。

明 杨荣 楷书题祭韩公茂文页

杨荣，原名道应，子荣，字勉仁，福建建宁府建安（今福建建瓯）人。明洪武四年（一三七一年）生人，生肖属猪。明朝初年政治家、文学家，与杨士奇、杨溥并称『三杨』。

建文二年（一四〇〇年），杨荣进士及第，授翰林编修。明成祖朱棣即位后，杨荣受其赏识，得以入阁，累迁至文渊阁大学士、翰林侍读，任首辅。朱棣去世后，杨荣帮助朱高炽顺利即位，拜太子少傅、谨身殿大学士兼工部尚书。此后随明宣宗朱瞻基平乱。明英宗即位后，与杨士奇等同心辅佐。正统三年（一四三八年），升任少师。止统五年（一四四〇年），杨荣病逝，赠光禄大夫、左柱国、太师，谥号文敏。

孙承宗，字稚绳，号恺阳，北直隶保定高阳人。明嘉靖四十二年（一五六三年）生人，生肖属猪。明末将领，曾为明熹宗朱由校的老师，而后任蓟辽督师，修筑宁锦二百里防线，统领军队十一万，功勋卓著。后遭到魏忠贤的妒忌，辞官回乡。皇太极包围京都时，朱由检急召孙承宗击退清军。但不久之后孙承宗又遭到朝中大臣弹劾，再次辞官回乡。崇祯十一年（一六三八年），清军大举进攻，孙承宗领家人守卫高阳，城破被擒，自缢而死，他的五个儿子、六个孙子、两个侄子、八个侄孙都战死。

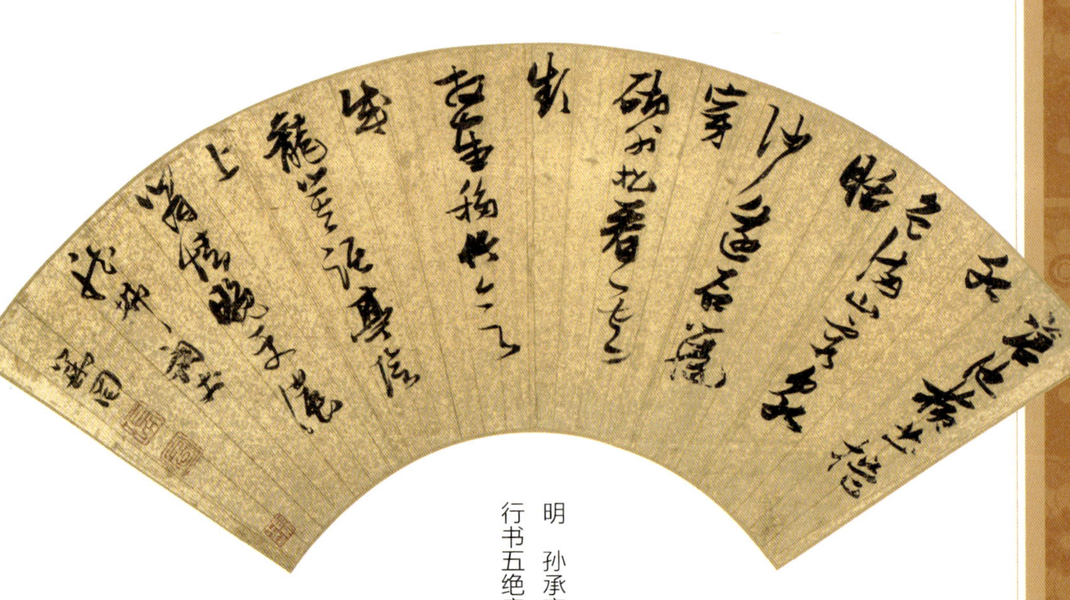

明　孙承宗
行书五绝扇面

刘墉，字崇如，号石庵，山东诸城人，清代政治家、书法家，名臣刘统勋长子，康熙五十八年（一七一九年）生人，生肖属猪。刘墉于乾隆十六年（一七五一年）以恩荫举人身份参加当年会试和殿试，考中二甲第二名进士，被授予翰林院庶吉士，在散馆担任编修，不久又升迁为侍讲。刘墉一生为官五十余载，宦海沉浮，几经起落，曾官至体仁阁大学士，清正廉洁，享有清名，继承了父亲刘统勋的衣钵，成为乾隆、嘉庆朝的重要大臣。刘墉不仅是政治家，更是著名的书法家，是帖学之集大成者，被誉为清代四大书法家之一（其余三人为成亲王永瑆、翁方纲、铁保）。

清 刘墉 行书论书轴

第二章

猪的那些有趣典故

猪作为一种豢养历史悠久的家畜，在满足人类口腹之欲以外，还和文学有着莫大的关系。猪留下了很多有趣的典故，还有诸如『长喙参军』（《古今注》）、『乌将军』（《幽怪录》）、『乌金』（《朝野佥载》）、『黑面郎』（《承平旧纂》）等等有趣的别称。

三豕涉河

东汉　石雕猪

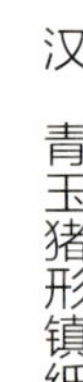

汉　青玉猪形镇纸

子夏（孔子的弟子）要去晋国，经过卫国的时候听见有读史书的人说：『晋国的军队有三头猪过河。』子夏很奇怪，觉得这样的解释不合常理，所以他就对那个人说：『你弄错了吧！不是「三豕」（三头猪），而是「己亥」（古人用天干地支来记录时间）。因为「己」的写法与「三」相近，「豕」与「亥」意义相通，所以才会产生这样的错误啊。』到了晋国一问，果然是晋国的军队在己亥这天过河。

差之毫厘，谬以千里。也难怪，『亥』和『豕』其义共用，难免让人发生混淆。后来，这个成语用以指在书籍传写或刊印过程中，文字因形近而出现的错误，所以也称『亥豕相望』。

汉 鎏金猪纹牌饰

三国魏 陶猪

亥豕相望

子夏之晋，过卫。有读史记者曰：『晋师三豕涉河。』子夏曰：『非也，是己亥也。夫「己」与「三」相近，「豕」与「亥」相似。』至于晋而问之，则曰晋师己亥涉河也。

——〔战国〕吕不韦等《吕氏春秋》卷二十二『慎行论·察传』

汉 陶绿釉猪圈

汉　陶猪圈

最古老的豕身人面神

凡苦山之首，自休与之山至于大騩之山，凡十有九山，千一百八十四里，其十六神者，皆豕身而人面。其祠：毛牷用一羊羞，婴用一藻玉瘗。苦山、少室、太室皆冢也。其祠之：太牢之具，婴以吉玉。其神状皆人面而三首。其余属皆豕身人面也。

——〔战国〕佚名《山海经》卷五『中山经·之七』

买肉教信

隋 十二辰纹镜

孟子小的时候，有一次听见东家在杀猪。孟子就问他的母亲：『东家杀猪干什么呢？』孟母开玩笑地说：『杀猪给你吃啊。』但是，孟母很快就为自己的轻言而感到后悔，心想：在我怀孕的时候，如果坐席摆得不正，我就不坐；肉切得不合规矩，我也不吃，就是要在孟子还在娘胎的时候就教育他正直守信的道理。现在明知不是却欺骗他，那等于是教他不守信用啊！于是，孟母向东家买来了猪肉，让孟子美美地吃了一顿，表明

唐　陶猪

并没有欺骗他。『席不正，不坐。』『割不正，不食。』是《论语》中记载的孔子说过的话。

孟母教子有方，以先贤的标准身体力行，为孩子做出了良好的榜样。这则有名的教子故事也称『买猪啖子』。

唐　青石十二辰俑之猪俑

隋　十二辰纹镜

买猪啖子

孟子少时，东家杀豚。孟子问其母曰：『东家杀豚，何为？』母曰：『欲啖汝。』其母自悔失言，曰：『吾怀妊是子，席不正，不坐，割不正，不食，胎教之也。今适有知而欺之，是教之不信也。』乃买东家豚肉以食之，明不欺也。

——〔汉〕韩婴《韩诗外传》卷九

不孝变为猪

杜小雷，益都之西山人。母双盲。杜事之孝，家虽贫，甘旨无缺。一日，将他适，市肉付妻，令作馎饦。妻最忤逆，切肉时杂蜣螂其中。母觉臭恶不可食，藏以待子。杜归，问：『馎饦美乎？』母摇首，出示子。杜裂视，见蜣螂，怒甚。入室，欲挞妻，又恐母闻。上榻筹思，妻问之，不语。妻自馁，彷徨榻下。久之，喘息有声。杜叱曰：『不睡，待敲扑耶！』亦觉寂然。起而烛之，但见一豕，细视，则两足犹人，始知为妻所化。邑令闻之，絷去，使游四门，以戒众人。谭薇臣曾亲见之。

——〔清〕蒲松龄《聊斋志异》卷二十三『杜小雷』

唐 陶猪

献辽东豕

东汉时，大将军朱浮写信给不听从军令的渔阳太守彭宠（字伯通），指责他说：『你打了那么点仗，就以为自己功高天下了吗？以前辽东（今辽宁辽阳）有一头猪，生出了白色的小猪。有人见了以为奇货，打算献给皇帝。当他带着小猪走到河东（今山西）的时候，看见那里的

宋人绘　搜山图卷

猪都是白的，就羞愧地回去了。就你的那点功劳对于朝廷来说，简直就像那个献辽东猪的人一样少见多怪！』

大家一定知道用『井底之蛙』『夜郎自大』之类的成语来比喻一个人知识浅薄，少见多怪，以后也可以用『辽东豕』来形容这样的人。

汉　陶画彩猪

汉　陶黄釉猪

献辽东豕

渔阳太守彭宠以为天下未定，师旅方起，不宜多置官属，以损军实，不从其实。浮性矜急自多，颇有不平，因以峻文诋，宠亦很强，歉负其功，嫌怨转积。浮密奏宠遣吏迎妻而不迎其母，又受货贿，杀害友人，多聚兵谷，意计难量。宠既积怨，闻之，遂大怒，而举兵攻浮。浮以书质责之曰：『……而伯通自伐，以为功高天下。往时辽东有豕，生子白头，异而献之，行至河东，见群豕皆白，怀惭而还。若以子之功论于朝廷，则为辽东豕也。今乃愚妄，自比六国。六国之时，其势各盛，廓土数千里，胜兵将百万，故能据国相持，多历年世。今天下几里，列郡几城，奈何以区区渔阳而结怨天子？此犹河滨之人捧土以塞孟津，多见其不知量也！』

——〔南朝宋〕范晔《后汉书》卷三十三『朱冯虞郑周列传第二十三』

明 青玉十二辰之猪

巳午未申酉戌亥子丑寅卯辰

乌将军娶妇

唐代开元年间，有一个叫郭元振的人因为科考没中而回家。他来到山西汾阳，有一天晚上走着走着，忽然发现迷失了道路。只见路边有一处宅子高大森严，屋里灯火通明却静悄悄的，好像没有一个人，只隐隐传出女子的哭声。郭元振大声问道：『屋里有人吗？你到底是人还是鬼？』只听那女子答道：『我们这里有一位乌将军，能给人带来灾难和福运。乡里人为了讨好他，每年都选一名美女给他当媳妇。可恨我那父亲贪图钱财，把我卖给了乡里，把我

清中期　竹根雕十二辰图笔筒

一人独自留在这儿，乌将军在二更时分就要来啦！』郭元振听了非常生气，说：『我一定救你！要是救不了的话，我也不要命了！』话说完没多久，屋外就传来了车马相继而至的声音。先是有几名官吏进来，看见郭元振，便走出去说：『这里有一个男人！』接着，乌将军走进来，郭元振便向他行礼说：『听说今天是您的好日子，我特意前来主持仪式。』乌将军听了非常高兴，郭元振就请他坐下，以鹿肉诱之。说时迟那时快，郭元振抽出佩刀，按住乌将军的手腕，咔嚓一声，手腕应声而断，只听乌将军惨叫一声夺路而逃。天亮后，一看那手，居然是一只猪蹄。不多会儿，姑娘的父母抬着棺材哭哭啼啼地到来，前来替女儿收尸。一看女儿安然无恙，自然喜不自禁。郭元振把详细情形告诉了他们，就

清道光　粉彩十二辰圆盒

带着乡里人拿着弓箭顺着血迹一路找去，来到一个大墓中，看见一只没有前左蹄的大猪。大猪看见有人到来，鼓足力量想向外冲出去，可惜跌跌撞撞没走两步就倒地毙命了。姑娘感激郭元振的救命之恩，便嫁给了他。

乌将军娶媳妇

代国公元振，开元中下第，自晋之汾，夜行阴晦失道。久而绝远有灯火之光，以为人居也，径往投之。八九里有宅，门宇甚峻。既入门，廊下及堂下灯烛辉煌，牢馔罗列，若嫁女之家，而悄无人。公系马西廊前，历阶而升，徘徊堂上，不知其何处也。俄闻堂中东阁有女子哭声，呜咽不已。公问曰：『堂中泣者，人耶，鬼耶？何陈设如此，无人而独泣？』曰：『妾此乡之祠有乌将军者，能祸福人，每岁求偶于乡人，乡人必择处女之美者而嫁焉。妾虽陋拙，父利乡人之五百缗，潜以应选。今夕，乡人之女并为游宴者，到是，醉妾此室，共锁而去，以适于将军者也。今父母弃之就死，而令惴惴哀惧。君诚人耶，能相救免，毕身为扫除之妇，以奉指使。』公愤曰：『其来当何时？』曰：『二更。』公曰：『吾忝为大丈夫也，必力救之。如不得，当杀身以徇汝，终不使汝枉死于淫鬼之手也。』女泣少止，于是坐于西阶上，移其马于堂北，令一仆侍立于前，若为宾而待之。

未几，火光照耀，车马骈阗，二紫衣吏入而复出，曰：『相公在此。』逡巡，二黄衣吏入而出，亦曰：『相公在此。』公私心独喜：『吾当为宰相，必胜此鬼矣。』既而将军渐下，导吏复告之。将军曰：『入。』有戈剑弓矢翼引以入，即东阶下，公使仆前曰：『郭秀才见。』遂行揖。将军曰：『秀才安得到此？』曰：『闻将军今夕嘉礼，愿为小相耳。』将军者喜而延坐，与对食，言笑极欢。公于囊中有利刀，思取刺之，乃问曰：『将军曾食鹿腊乎？』曰：『此地难遇。』公曰：『某有少须珍者，得自御厨，愿削以献。』将军者大悦。公乃起，取鹿腊并小刀，因削之，置一小器，令自取。将军喜，引手取之，不疑其它。公伺其无机，乃投其脯，捉其腕而断之。将军失声而走，导从之吏，一时惊散。公执其手，脱衣缠之，令仆夫出望之，寂无所见，乃启门谓泣者曰：『将军之腕已在于此矣。寻其血踪，死亦不久。汝既获免，可出就食。』泣者乃出，年可十七八，而甚佳丽，拜于公前，曰：『誓为仆妾。』公勉谕焉。天方曙，开视其手，则猪蹄也。

……乃令数百人，执弓矢刀枪锹之属，环而自随，寻血而行。才二十里，血入大冢穴中。因围而劚之，应手渐大如瓮口，公令束薪燃火投入照之。其中若大室，见一大猪，无前左蹄，血卧其地，突烟走出，毙于围中。

——〔唐〕牛僧孺《幽怪录》卷一『郭代公』

汉 陶画彩生肖猪俑

汉 陶生肖猪俑

苏学士啖猪

苏东坡喜欢吃猪肉，东坡肘子至今还是一道名菜。他被贬至黄州（湖北黄冈）的时候，身处逆境却仍自娱自乐，作起吃猪肉的诗，说黄州这个地方的猪肉不错，价钱便宜。有钱人不肯吃，没钱的人又不会煮。其实只要用小火慢慢炖，别加太多的水，炖几个小时味

道自然就美了。每天吃一碗，填饱肚子乐悠悠。

苏东坡和僧人佛印有许多往来的有趣故事。佛印是一位不忌酒肉的僧人，他常常煮好肉等苏东坡来吃。有一天，他们发现肉被别人偷吃了，苏东坡就作诗给佛印，说他白忙活了一场。

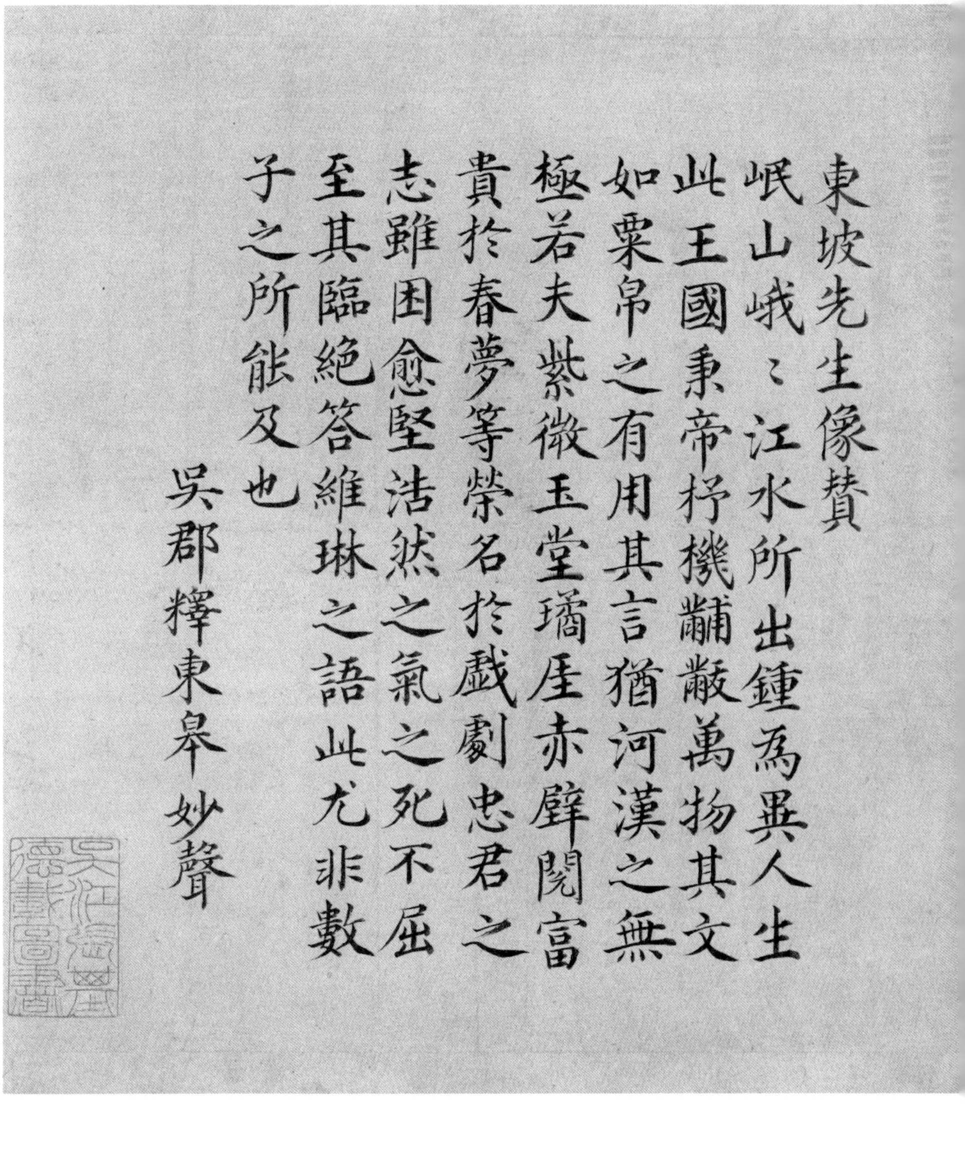

東坡先生像贊
岷山峨峨江水所出鍾爲異人生
此王國秉帝杼機黼黻萬物其文
如粟帛之有用其言猶河漢之無
極若夫紫微玉堂璚厓赤壁閲富
貴於春夢等榮名於戲劇忠君之
志雖困愈堅浩然之氣之死不屈
至其臨絶答維琳之語此尤非數
子之所能及也
吴郡釋東皋妙聲

宋 苏轼 治平帖卷（局部）

东坡食猪诗

东坡喜食烧猪，佛印住金山时，每烧猪以待其来。一日为人窃食，东坡戏作小诗云：『远公沽酒饮陶潜，佛印烧猪待子瞻。采得百花成蜜后，不知辛苦为谁甜。』

东坡性喜嗜猪，在黄冈时，尝戏作《食猪肉诗》云：『黄州好猪肉，价贱如粪土。富者不肯吃，贫者不解煮。慢着火，少着水，火候足时他自美。每日起来打一碗，饱得自家君莫管。』

——〔宋〕周紫芝《竹坡诗话》

清 姜渔 猪图扇页

豕

豕水畜在易為坎故其性趨下好雨天下皆畜之而形與名多不同生青兗徐淮者耳大燕冀者膚厚梁雍者足短遼東者頭白豫州者咮短江南者耳小嶺南者白而肥獮也彘也豨也豬也豭也豝也豵也皆方言也

清 余省、张为邦合绘 兽谱册之「豕」页

清 余省、张为邦合绘
兽谱册之「豪彘」页

豪豨

豪豨山豬也形如豕夾髀生毫鬣上者大如笄白而黑端見人則激毫以射行輒成羣獵人惟敢射最後者否則驚走傷人亦曰貆豬曰帚貗曰蒿豬曰貗貐曰豪豬惟豪豬之名見揚雄長楊賦

清　冷枚　农家故事册页（十二开选一）

悟能
唐僧
悟空
佛
佛

第三章

神话传说中猪的形象

《西游记》里的猪八戒，可以说是知名度最高的猪的神话形象了。猪八戒因为可爱可亲而不可恶、表现更像一个世俗中人而广受人们喜爱。

不唯猪八戒，积光佛母、金刚亥母这些藏传佛教中的神也在宫廷文化当中有所体现。猪的神话，由民间而来，在宫廷文化中占据了相当重要的一部分。

紅蟒精
悟能
悟空

高老庄的猪八戒

猪八戒，原名猪刚鬣，是明代小说《西游记》中的主要角色之一，观音菩萨为其取法号悟能，唐三藏为其取名八戒，是其二徒弟。

猪八戒前世为执掌天河八万水军的『天蓬元帅』，一直倾慕容貌过人的霓裳仙子。因调戏仙子，惹来纠察灵官，

清 九齿钉耙

钉耙为木质，耙上插九齿，齿涂银粉，耙体其余髹黑漆，杆通体髹黑漆，描漆彩绘五彩流云、蝙蝠纹。九齿钉耙又称『八戒耙』，为剧中饰演猪八戒者使用。

元代杨景贤《西游记》杂剧中猪八戒的出场

（猪八戒上，云）自离天门到下方，只身惟恨少糟糠。神通若使些儿个，三界神祇恼得忙。某乃摩利支天部下御车将军。生于亥地，长自乾宫。搭琅地盗了金铃，支楞地顿开金锁。潜藏在黑风洞里，隐显在白雾坡前。生得喙长项阔，蹄硬鬣刚。得天地之精华，秉山川之秀丽，在此积年矣，自号黑风大王，左右前后，无敢争者。

（行者云）我非神，我乃是大唐三藏国师上足徒弟，孙悟空是也。这厮是甚妖魔？

（裴女云）他常自称摩利支天御车将军，又号黑风大王，诸佛不怕，只怕二郎细犬。

清　木金箍棒、九齿钉耙等戏曲道具

又拱倒斗牛宫、偷吃灵芝仙草，遂被玉皇大帝责打两千余锤后贬下凡间，错投猪胎，在福陵山云栈洞落草。自投为猪胎之后，生得猪头人身，体型肥胖硕大，皮肤黑灰，獠牙长出嘴外，外形丑陋吓人，但同时武功高强，力大无穷，又会天罡数的三十六般变化术，所持的兵器为太上老君用『神冰铁』所锤炼，借『五方五帝、六丁六甲』之力锻造，后由玉皇大帝亲赐的上宝沁金钯（俗称九齿钉耙），重达五千零四十八斤。

猪八戒到底长啥样

高老道：『初来时，是一条黑胖汉，后来就变做一个长嘴大耳朵的呆子，脑后又有一溜鬃毛，身体粗糙怕人，头脸就像个猪的模样。食肠却又甚大，一顿要吃三五斗米饭。早间点心，也得百十个烧饼才够。』

黑脸短毛，长喙大耳，穿一身青不青、蓝不蓝的梭布直裰，系一条花布手巾。

——〔明〕吴承恩《西游记》第十八回
『观音院唐僧脱难　高老庄行者降魔』

那老儿……愈觉惊怕道：『……为先的那和尚丑便丑，还有三分人相；这个和尚，怎么这等个碓梃嘴，蒲扇耳朵，铁片脸，鬃毛颈项，一分人气儿也没有了！』

——〔明〕吴承恩《西游记》第七十四回
『长庚传报魔头狠　行者施为变化能』

碓嘴初长三尺零，獠牙觜出赛银钉。
一双圆眼光如电，两耳扇风唿唿声。
脑后鬃长排铁箭，浑身皮糙癞还青。
手中使件蹊跷物，九齿钉钯个个惊。

——〔明〕吴承恩《西游记》第八十五回
『心猿妒木母　魔主计吞禅』

卷上莲蓬吊搭嘴，耳如蒲扇显金睛。
獠牙锋利如钢锉，长嘴张开似火盆。
金盔紧系腮边带，勒甲丝绦蟒退鳞。
手执钉耙龙探爪，腰挎弯弓月半轮。
纠纠威风欺太岁，昂昂志气压天神。

——〔明〕吴承恩《西游记》第八回
『我佛造经传极乐　观音奉旨上长安』

猪八戒的身世自述

自小生来心性拙，贪闲爱懒无休歇。
不曾养性与修真，混沌迷心熬日月。
忽然闲里遇真仙，就把寒温坐下说。
劝我回心莫堕凡，伤生造下无边孽。
有朝大限命终时，八难三途悔不喋。
听言意转要修行，闻语心回求妙诀。
有缘立地拜为师，指示天关并地阙。
得传九转大还丹，工夫昼夜无时辍。
上至顶门泥丸宫，下至脚板涌泉穴。
周流肾水入华池，丹田补得温温热。
婴儿姹女配阴阳，铅汞相投分日月。
离龙坎虎用调和，灵龟吸尽金乌血。
三花聚顶得归根，五气朝元通透彻。
功圆行满却飞升，天仙对对来迎接。
朗然足下彩云生，身轻体健朝金阙。
玉皇设宴会群仙，各分品级排班列。
敕封元帅管天河，总督水兵称宪节。
只因王母会蟠桃，开宴瑶池邀众客。
那时酒醉意昏沉，东倒西歪乱撒泼。
逞雄撞入广寒宫，风流仙子来相接。
见他容貌挟人魂，旧日凡心难得灭。
全无上下失尊卑，扯住嫦娥要陪歇。
再三再四不依从，东躲西藏心不悦。
色胆如天叫似雷，险些震倒天关阙。
纠察灵官奏玉皇，那日吾当命运拙。
广寒围困不通风，进退无门难得脱。
却被诸神拿住我，酒在心头还不怯。
押赴灵霄见玉皇，依律问成该处决。
多亏太白李金星，出班俯囟亲言说。
改刑重责二千锤，肉绽皮开骨将折。
放生遭贬出天关，福陵山下图家业。
我因有罪错投胎，俗名唤做猪刚鬣。

——〔明〕吴承恩《西游记》第十八回
『观音院唐僧脱难　高老庄行者降魔』

猪八戒当年到底调戏的是谁

民间普遍认为，猪八戒在还是天蓬元帅的时候，吃醉酒调戏了广寒宫中的嫦娥，这才被贬下凡间成为猪八戒。

其实，《西游记》原著中称天蓬元帅吃醉酒调戏的是『霓裳仙子』。『霓裳仙子』又是哪一个呢？原来，《西游记》中的『嫦娥』指的是一种职位，而不是民间传说里奔月的那位嫦娥，这两位『嫦娥』是完全不同的两个概念。

《西游记》中的嫦娥，是指分属于月宫的女性神仙，在月宫的仙女都担任着嫦娥这个职位，《西游记》原文写明人名的嫦娥有两个：素娥仙子（转世投胎为天竺国公主，被玉兔替代受苦的那位）、霓裳仙子（天蓬元帅调戏的那位）。但是这两个嫦娥都不是奔月的那位嫦娥。

九齿钉耙赞

此是煅炼神冰铁，磨琢成工光皎洁。
老君自己动钤锤，荧惑亲身添炭屑。
五方五帝用心机，六丁六甲费周折。
造成九齿玉垂牙，铸就双环金坠叶。
身妆六曜排五星，体按四时依八节。
短长上下定乾坤，左右阴阳分日月。
六爻神将按天条，八卦星辰依斗列。
名为上宝逊金钯，进与玉皇镇丹阙。
因我修成大罗仙，为吾养就长生客。
敕封元帅号天蓬，钦赐钉钯为御节。
举起烈焰并毫光，落下猛风飘瑞雪。
天曹神将尽皆惊，地府阎罗心胆怯。
人间那有这般兵，世上更无此等铁。
随身变化可心怀，任意翻腾依口诀。
相携数载未曾离，伴我几年无日别。
日食三餐并不丢，夜眠一宿浑无撇。
也曾佩去赴蟠桃，也曾带他朝帝阙。
皆因仗酒却行凶，只为倚强便撒泼。
上天贬我降凡尘，下世尽我作罪孽。
石洞心邪曾吃人，高庄情喜婚姻结。
这耙下海掀翻龙鼍窝，上山抓碎虎狼穴。
诸般兵刃且休题，惟有吾当钯最切。
相持取胜有何难，赌斗求功不用说。
何怕你铜头铁脑一身钢，钯到魂消神气泄！

——〔明〕吴承恩《西游记》第十八回『观音院唐僧脱难　高老庄行者降魔』

清　木金箍棒、九齿钉耙等戏曲道具

五荤三厌与八戒

『五荤三厌』中的五荤，即佛教中讲的五辛，指五种辛味蔬菜，包括葱、蒜、韭、薤（藠头）、兴渠（又作兴瞿、兴旧、兴宜，形似萝卜，味如蒜）。三厌，是指道教把雁、狗、乌龟作为不能吃的三种动物，列为教条。因为『雁有夫妇之伦，狗有扈主之谊；乌龟有君臣忠敬之心，故不忍食』（〔明〕朱国祯《涌幢小品》）。厌，在此是不忍食之意。

五荤三厌是佛道二教的混合物，佛教的『八戒』实际另有所指。『八戒』全称『八斋戒』，是佛教为出家的男女教徒制定的八项戒条。包括不杀生、不偷盗、不淫欲、不妄语、不饮酒、不眠坐华丽之床、不打扮及观听歌舞、正午过后不食。

关于猪八戒你可能不知道的事

猪八戒在投生猪胎之后、入赘高老庄之前结过一次婚。观音菩萨收服猪八戒时，他自己承认：『（此处）叫做福陵山。山中有一洞，叫做云栈洞。洞里原有个卵二姐。他见我有些武艺，把我做个家长，又唤做「倒查门」。不上一年，他死了，将一洞的家当尽归我受用。在此日久年深，没有个赡身的勾当，只是依本等吃人度日。』（《西游记》第八回『我佛造经传极乐　观音奉旨上长安』）这个『卵二姐』，古本《西游记》中记作『卯二姐』，推测为兔妖。

猪八戒也称木母或木龙（猪八戒属真阴，五行属木），常见于目录或书中诗赋。比如《西游记》第八十五回书目即为『心猿妒木母　魔主计吞禅』。

后来，猪刚鬣受观音菩萨点化，开始持斋把素，等待取经人。但是在几年未得消息之后，看上了山下高老庄高太公的女儿高翠兰，遂幻化成人形之后被招去做上门女婿。没多久，猪刚鬣渐露妖形，吓得高太公忙去延请法师。正巧此时唐僧与孙悟空一行取经路过，孙悟空施巧计，幻化成高小姐的模样，上演了一出『猪八戒背媳妇』的好戏。最后，猪刚鬣在云栈洞与孙悟空大战。在听说唐僧之名后，猪刚鬣前去拜见，表明自己的来历，以及观音菩萨教导之语，遂被唐僧收为二徒弟。为让其继续戒『五荤三厌』，唐僧给他起了个别名叫『八戒』。自此，猪八戒成为孙悟空的好帮手，一同保护唐僧去西天取经，历经九九八十一难，因保护唐僧有功，成了正果，最后被如来佛祖亲封为『净坛使者』。

猪八戒性格憨厚，力气大，但好吃懒做，胆小，爱占小便宜，贪图女色，经常被妖怪的美色所迷惑，难分敌我，好进谗言。那么，为什么这样一个人，《西游记》的作者吴承恩也能让他最终修成正果，被如来佛封为『净坛使者』呢？这与猪八戒知错就改，

《西游记》是具有浓郁象征意味的神魔小说的代表作，而猪八戒则是作者吴承恩在这部作品中着力塑造的一个喜剧典型。在他的身上既有人的吃苦耐劳、憨厚率直的品质，以及贪婪自私的本性，又有神的本领，同时还有猪的形体特征，这充分体现了人性、神性、猪性的完美结合。

鲁迅认为，猪八戒的形象是从中国古代神话传说中发展演变而来的，例如干宝《搜神记》

能听取他人意见有重要关系。在取经事业中的他对师兄的话还算得上言听计从，对师父忠心耿耿，总算是为西天取经立下了汗马功劳。

清　青花西游记人物图炉

『猪臂金铃』故事，旷源《闲话猪八戒》认为《搜神记》『安阳亭书生』中的母猪精更接近猪八戒。吴自牧《梦粱录》卷八『四圣延祥观』曾提到：『四圣延祥观，在孤山，旧名四圣堂。道经云：「四圣者，紫微北极大帝之四将，号曰天蓬、天猷、翊圣、真武大元帅真君。」』可见『天蓬』本为道教仙官之名。据陈寅恪《〈西游记〉玄奘弟子故事之演变》一文推考，猪八戒是从唐代义净译本《根本说一切有部毗奈耶杂事》卷三『佛制苾刍

佛制苾刍发不应长因缘

时具寿牛卧在憍闪毗国，住水林山出光王园内猪坎窟中。后于异时，其出光王于春阳月，林木皆茂，鹅雁鸳鸯鹦鹉舍利孔雀诸鸟，在处哀鸣，遍诸林苑。时出光王命掌园人曰：『汝今可于水林山处，周遍芳园，皆可修治。除众瓦砾，多安净水置守卫人。我欲暂住园中游戏。』彼人敬诺，一依王教。既修营已，还白王知。唯愿知时，彼王即便将诸内宫以为侍从，往诣芳园。游戏既疲，偃卧而睡。时彼内人，性爱花果，于芳园里随处追求。时牛卧苾刍须发皆长，上衣破碎，下裙垢恶，于一树下跏趺而坐。宫人遥见，各并惊惶，唱言大王：『有鬼！有鬼！』苾刍即往入坎窟中。王闻声已，即便睡觉，拔剑走趁。问宫人曰：『鬼在何处？』答曰走入猪坎窟中。时王闻已，行至窟所，执

剑而问：『汝是何物？』答言：『大王！我是沙门。』王曰：『是何沙门？』答曰：『释迦子。』问言：『汝得阿罗汉果耶？』答言不得。『汝得不还，一来，预流果耶？』答言不得。『且置斯事，汝得初定，乃至四定？』答并不得。王闻是已，转更瞋怒，告大臣曰：『此是凡人，犯我宫女，可将大蚁填满窟中，蜇螫其身。』时有旧住天神近窟边者，闻斯语已，便作是念：『此善沙门，来依附我，实无所犯，少欲自居。非法恶王，横加伤害。我今宜可作救济缘。』即自变身为一大猪，从窟走出。王见猪已，告大臣曰：『可将马来，并持弓箭。』臣即授与，其猪遂走，急出花园。王随后逐。时彼宫女告苾刍曰：『圣者可去，王极暴恶，或容相害。』时彼苾刍急持衣钵，疾行而去，渐至室罗伐城。

——〔唐〕义净译《根本说一切有部毗奈耶杂事》卷三

发不应长因缘』中变作大猪救沙门之大神衍化而成的。陈寅恪认为：『西游记猪八戒高家庄招亲故事，必非全出中国人臆撰，而印度又无猪豕招亲之事……此故事复经后来之讲说，憍闪毗国之憍，以音相同之故，变为高家庄之高。惊犯宫女，以事相类似之故，变为招亲。』

猪八戒的形象很具有时代意义。在《西游记》中，猪八戒不习惯更不喜欢长期在外奔波的苦行生活，他保护唐三藏西天取经完全出于无奈，在西行途中遇有劫难总是第一个打退堂鼓，要散伙、卖行李、嚷着回高老庄种地过日子，这种回归土地、眷念家园、渴望定居生活的心情，正是长期依附于土地的典型的中国古代劳动人民的意识和心理。他存有守土固守心理，表现着普通劳动人民的生活愿望，还反映着明代社会小生产者、小市民的意识特点，具有那个时代的思想特色。

随着明朝中叶商品经济的发展，中国新生的市民阶层开始在社会中起着不可低估的作用，但仍然存在着进步与保守两种因素。或认为猪八戒的形象在明朝的市民阶层中具有普遍

《搜神记》中的猪怪

晋有一士人姓王，家在吴郡，还至曲阿，日暮，引船上，当大埭，见埭上有一女子，年十七八，便呼之，留宿。至晓，解金铃系其臂，使人随至家，都无女人。因逼猪栏中，见母猪臂有金铃。

——〔东晋〕干宝《搜神记》卷十八『猪臂金铃』

安阳城南有一亭，夜不可宿；宿，辄杀人。书生明术数，乃过宿之，亭民曰：『此不可宿。前后宿此，未有活者。』书生曰：『无苦也。吾自能谐。』遂住廨舍。乃端坐，诵书。良久乃休。夜半后，有一人，着皂单衣，来，往户外，呼亭主。亭主应诺。『见亭中有人耶？』答曰：

性，是个『充满人欲的艺术形象』，是中国传统社会生活中代表着农民阶层并具有市民特征的下层人民形象。

猪八戒率性而为，张扬个性，其自然天性源于他是一个凡夫俗子；普普通通，安守本分，并不情愿，时时打退堂鼓。同时，他也是一个为上至公卿、下至百姓都可以轻松调侃的对象，一个来自人民内部的、带有芸芸众生的人性优点及弱点的形象。因此，他具有迎合大众文化的当代意义。猪八戒之所以在当代大众文化里得到欢迎，主要与其亲和力有关，与当今人们的精神需要有关。

『向者有一书生在此读书。适休，似未寝。』乃暗嗟而去。须臾，复有一人，冠赤帻者，呼亭主。问答如前。复暗嗟而去。既去，寂然。书生知无来者，即起，诣向者呼处，效呼亭主。亭主亦应诺。复云：『亭中有人耶？』亭主答如前。乃问曰：『向黑衣来者谁？』曰：『北舍母猪也。』又曰：『冠赤帻来者谁？』曰：『西舍老雄鸡父也。』曰：『汝复谁耶？』曰：『我是老蝎也。』于是书生密便诵书。至明不敢寐。

天明，亭民来视，惊曰：『君何得独活？』书生曰：『促索剑来，吾与卿取魅。』乃握剑至昨夜应处，果得老蝎，大如琵琶，毒长数尺。西舍，得老雄鸡父；北舍，得老母猪。凡杀三物，亭毒遂静，永无灾横。

——〔东晋〕干宝《搜神记》卷十八

『安阳亭三怪』

与猪八戒有关的民间歇后语

猪八戒照镜子——里外不是人
猪八戒看唱本——假斯文
猪八戒摔耙子——不伺候（猴）
猪八戒过河——倒打一耙
猪八戒嚼砂锅——只顾自己脆生，不管大家听着牙碜

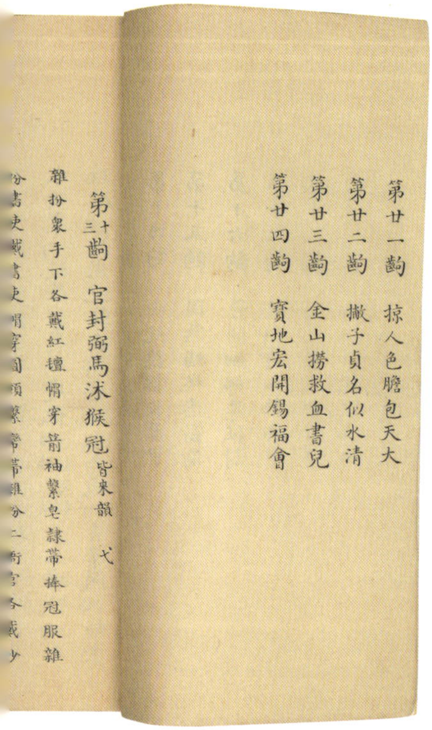
第廿一齣　掠人色膽包天大
第廿二齣　撇子貞名似水清
第廿三齣　金山撈救血書兒
第廿四齣　寶地宏開錫福會

第十三齣　官封弼馬沐猴冠　皆來韻　弋
雜扮衆手下各戴紅纓帽穿箭袖繫皂隸帶捧冠服雜

猪八戒与孙悟空、唐三藏，三个角色构成了鲜明的对比，互相映衬，相得益彰。猪八戒与孙悟空都是用浪漫主义手法精心塑造出的非现实人物，与经常躁动的孙悟空相比，猪八戒身上常常体现出的消极情绪，其实不利于人生境界的提升。因为前者毕竟是一种推动力，而后者则多是一种制动力。两者都基于传统文化的深厚土壤。孙悟空更多地体现了传统文化中的积极因素，如不畏艰险，勇往直前，不达目的决不罢休的气概，与传统文化中的积极人生理想是一致的，给人以昂

清 《昇平宝筏》戏本封面及内页

扬向上的力量，因此他是一个英雄主义的角色。但猪八戒则较多地体现了传统文化中的消极因素，是一个享乐主义的典型。

其实猪八戒在许多民间神话传说里还有取经之后的『后续故事』。在永嘉县溪江流传着一则名为《猪母娘岩》的故事。传说，猪八戒随唐僧取经后返回了天庭，玉皇大帝见猪八戒护法有功，就让他在民间选个美丽富足的地方养老。猪八戒很高兴，就驾云头飞落回人间。他在人间游历好久，一直没有选到合适的地方。有一天，他来到

清人绘　戏剧图册之盗魂灵

永嘉楠溪江边，被江边美丽景色吸引，就在此流连徘徊好久。直到有一天下起了大雨，天上雷声滚滚，猪八戒徜徉在雨中，突然醍醐灌顶，他意识到应该为人间做点什么。于是他倚江边太平岩变为一头石猪，然后托梦给当地的村民，告诉人们用石像上的粉末拌猪饲料，猪吃了能长肉。刚开始人们对这个梦不信，但有人抱着试一试的心态，就在猪石像身上刮了点石粉放到猪饲料中，没想到几天工夫，猪便长了好几百斤，这样大家就都相信了，都来刮石粉喂猪，周围的人们因此

清人绘 戏剧图册之女儿国

过上了幸福美满的生活。但在以后的日子里，人们又发现，虽然猪石像每天被刮得光溜溜的，但并不见瘦。如此一来，猪石像身上的石粉就取之不尽、用之不竭了，为此民间对这位为人间做好事的猪八戒感激不尽。

《西游记》故事在清朝中后期就已是家喻户晓，康熙皇帝曾下圣旨说：『《西游记》，原有两三本，甚是俗气。近日海清，觅人收拾，已有八本，皆系各旧本内套的曲子，也不甚好。尔都去改，共成十本，赶九月内全进呈。』由此不难看出，

康熙时就有《西游记》故事上演（此时的戏曲种类应该是昆曲）。乾隆初年，乾隆皇帝命当时任内阁学士、南书房行走的张照，『制诸院本进呈』。张照根据康熙二十年的《西游记》戏本编纂成《昇平宝筏》，共十本，二十四折，吸收了吴承恩小说的一些情节，将孙悟空伴随唐僧西天取经的故事串联起来，『词藻奇丽，引用内典经卷，大为超妙』。《昇平宝筏》借助《西游记》的故事，目的是歌颂大清帝国的太平盛世。这出戏通俗易懂，武打精彩，风趣幽默，深受宫廷欢迎。戏中自然少不了猪八戒这个角色。

乾隆五十五年（一七九〇年），朝鲜陪臣柳德恭从热河入京庆贺乾隆八十岁寿辰，每天被招待听戏。他的诗集《滦阳集》中有一首题为《圆明园扮戏》的诗，这样描写当时的情景：『督抚分明结采钱，中堂祝寿万斯年。一旬演出西游记，完了升平宝筏筵。』他居然在圆明园一连看了十天的《升平宝筏》。道光五年（一八二五年），为庆贺道光皇帝的母亲五旬寿辰，《升平宝筏》陆续上演了四本，每本二十四折，包括《花果山洞》《石猴访道》《盗取袈裟》《大士收熊》等。

现如今，故宫博物院仍藏有大量与《西游记》、猪八戒相关的绘画作品和戏曲文物，包括戏曲图册以及演出时所用的道具等。从中我们可以看到在清末宫廷演剧中猪八戒这个幽默搞笑的角色的活跃身影。

猪神与积光佛母

清 铜鎏金二臂积光佛母

积光佛母呈菩萨寂静相，头戴五叶冠，束发披肩，袒露上身，肩披帛带，下身着裙。左手施说法印，并执莲花茎，莲花置于左肩；右手施与愿印。半跏趺坐在莲座上，莲座置于猪背。猪双目前视，双耳下垂，张口吐舌，三蹄着地，一蹄抬起尚未放下，似刚将佛母驮到目的地。猪下为椭圆形大莲瓣底座，底座正面上沿铸『大清乾隆年敬造』款，下沿刻『积光佛母』表明身份。佛经记载，积光佛母具有大神通自在之法，常在日天（太阳神）前行走，日天看不见她，而她能见到日天。由于她能隐形，所以她的行踪无人能知，也就没有人能抓住她、束缚她、欺骗她、谋害她。

在人们的心目中，对于猪，有着两种截然相反的看法。一种观念把猪看成是勇敢、财富和幸运的象征，但另一种观念却把猪贬得一无是处，将其视为『懒惰』『蠢笨』『不净』的代名词。佛教对猪的看法便属于后者。

在佛教中，猪的名声并不太好。《成实论》说『猪等多痴』，猪不幸成为了佛教所反对的『贪、痴、嗔』三毒（或称三垢）中的『痴』（即愚昧）的代表。佛经中多次警告世人，凡

是在今生作出恶行者，来世会轮回为猪。由于佛教认为『猪群食其残弃不净之物』，『猪喜乐不净中卧』，因此佛教中的猪带有浓厚的贬义色彩，常作为反面教材来针砭世人，尽管猪在佛教中的地位如此不堪，但耐人寻味的是，其神系中却为猪神留出了一席之地，积光佛母便是其中最著名的猪神之一。

清　铜摩利支佛版

积光佛母，梵文称作Marici，意思是「光线」，音译为「摩利支」，原为古印度民间崇拜之神，与婆罗门教太阳神Sūrya和印度教中的猪面人身女神华希拉都有着很深的渊源，后被佛教所教化吸收，成为守护佛法者之一，列于天部（梵文为Deva），故亦称「摩利支天」或「摩利支菩萨」「末利支提婆」等，「积光佛母」是该神的意译名。

清　十二臂积光佛母唐卡

佛经中关于猪的警示

由痴虚受信施四事供养故，故受猪身。

……恶口铿贪故，故受猪身。

——《提谓经》

由谤斯经故，故受猪狗野干等身。

……由饮酒造痴业，故受猪身。

——《法华经》

盗窃欺人，负债不偿，借贷不归，

死后当为奴婢牛马；

或作大猪，屠割剥其躯，称卖偿人。

——《佛说四愿经》

世人不能了知苦之为苦，犹猪处涸不知臭之为臭。

——《佛说四自侵经》

清　铜鎏金金刚亥母

《大藏经》等佛经中对积光佛母的威容的记载

童女相。二臂。身有炽焰，着青天衣。乘猪。手执绢索及无忧树枝。

童女相。身色如云。乘猪。有三面，各三目，一作猪面。二臂，右手持金刚钩，左手持金刚索。口出利牙，见者恐怖。

身红色，着红天衣。三面，一猪面，各三目。四臂，左手持绢索、无忧树枝；右手持针、金刚钩。

童女相。面有三眼，身作黄色。乘黑猪，着青天衣，一切庄严。左手作期克印、持无忧花并索；右手执针并钩。

于月轮中乘猪车而立。身作金色，六臂殊妙。三面各三眼，一面作猪相。顶戴宝塔，着黑衣及青天衣。右手持金刚杵，有大光明，及箭、针；左手持弓、线及无忧树枝。

身如阎浮檀金色，放大光明。着青天衣，顶戴宝塔，足乘大猪。六臂。三面，正面金色，端严微笑；左面猪相，黑色丑恶，口现利牙，出舌颦眉，作大忿怒，见者怕怖；右面白色，如天秋月。左手持弓、线、无忧树枝；右手持箭、针、金刚杵。

忿怒相。有三面，面有三目，一作猪面，利牙外出，舌如甲电，为大恶……身黄金色，种种庄严。臂有其八，右手持金刚杵、金刚钩；左手持弓、无忧树枝、绢索。顶戴宝塔。右足如舞踏势，左足踏冤家身。

童女相。身色如金光，似初出之日，亦如聚火。唇如曼度迎花色。偏袒赤天衣，以腕训、耳环及宝带等种种庄严。顶戴毗卢遮那佛及戴无忧花蔓。八臂，三面各三眼。左手持索、弓、无忧树枝、线；右手执金刚杵、针、箭、钩。正面善相微笑，作黄白色，眼目修广，清净端正，作大勇猛相；左为猪面，容作嗔怒，亦甚丑恶，颦眉出舌，令人怕怖；右面深赤色，如最上莲华宝，炽焰如火……乘猪车，立如舞势。

清　铜鎏金二臂积光佛母

积光佛母一面三目二臂。头戴骷髅冠，赤发高耸，耳后有束发缯带，呈忿怒相。赤裸全身，肩披帛带，腰缠兽皮，左手持莲花，右手施期克印。展左直立，双足下各踩两具俯卧状的人尸。椭圆形单层仰莲底座置于七头猪拉的双轮车辇上。

积光佛母与婆罗门教太阳神Sūrya有着很深的渊源。在佛教神系中，她就相当于太阳神的角色。稍有区别的是，积光佛母是女尊，太阳神是男神；积光佛母乘七头猪拉的车，太阳神通常坐七匹马拉的车。

清　铜鎏金金刚亥母

清乾隆 铜鎏金积光佛母

积光佛母有童女相或忿怒相，一面或三面（其中一面或为猪面），二臂、四臂、六臂或八臂，红色身、白色身或金色身等多种形象，顶戴宝塔或无忧花鬘，手持法器有无忧树枝、绢索、金刚杵、金刚钩、弓箭、针线等，骑猪或乘猪车。其中猪面、骑猪或乘猪车是积光佛母区别于佛教中其他尊神的最大特点，是辨认其身份的标志，也是积光佛母被称为猪神最直接的原因。

故宫现藏积光佛母造像和唐卡有十多件，其

清　铜鎏金积光佛母

形象与佛经所记载的较为一致，如铜鎏金二臂积光佛母像、六臂积光佛母唐卡、紫金琍玛八臂积光佛母像等。

但也有些许不同，如有一尊铜鎏金五面十臂积光佛母像，五面分两层：上层一面，寂静相，显现在蓝色葫芦形发髻中；下层四面，每面各三目，头戴五叶冠，嗔怒相，其中

清　铜鎏金五面十臂积光佛母

朝左的一面为猪面。左主臂于腹前托月轮，右主臂于胸前托日轮。左右副臂向两侧展开，各持法器如弓、绢索、金刚杵、箭、金刚钩等。展左直立，双足下各踩一对冤家身。下为椭圆形覆莲底座，莲座置于七只小猪拉的双轮车上。还有一尊六面十二臂的铜鎏金积光佛母像，头戴五叶冠，赤发高耸，发间显现一猪头。每面三目圆睁，忿怒相。左主臂持三叉戟，右主臂持金刚钩；其余十臂伸向身体两侧，分持金刚绳、宝剑、钺刀等不同法器。展左直立，足下莲座置于两只小猪牵引的双轮车上。这两尊佛像虽与佛经中的记载有所差别，但也仅是在面、臂数量上以及手持法器上的不同，其身份标志（猪面、猪车）与佛经记载相符，因此它们应是积光佛母的变化形象。

积光佛母庇佑信徒避免兵戈之难

（南宋建炎）二年三月，唐州泌阳尉李环遇北虏入寇，挟一仆单骑走，夜匿道旁空舍。闻车过声，遣仆问：『唐州贼何在？』仆见车中人长丈余，面蓝色，惊而返。珏即乘马追及之，前致敬曰：『珏避寇至此，敢问车中何所载？』其人曰：『此京四遭劫死人名字，天曹定籍，汝李珏亦其数也。』珏大怖，告曰：『何法可免？愿赐指教。』人曰：『能旦旦念摩利支天菩萨七百遍，则死籍可销，可免兵戈之厄。』珏方拜谢，驾车者疾驰而去。珏自是不辍诵持，转以教人，皆得免难。

——〔宋〕释志磐《佛祖统纪》卷第四十七『法运通塞志第十七之十四高宗』

积光佛母具有隐形的能力，可以保护众生不受敌人的侵害，因此最受武士的信仰和崇拜。修习积光佛母法的人，也往往能得到其保护，避免为冤家对头所害。

积光佛母具有种种大神通自在之法，尤以隐身最为出众。佛经记载：积光佛母『常行日月天前，日天月天不能见彼，彼能见日』，佛教众神中也只有积光佛母具有这一神通。正因如此，积光佛母『无人能见，无人能知，无人能捉，无人能害，无人欺证，无人能缚，无人能债其财物，无人能罚，不为怨家能得其便』。而修习积光佛母法或诵习积光佛母经的人，也往往能得到她的庇护，『不被一切恶人所见，一切灾祸皆不着身，一切口舌皆得除灭，虫狼虎豹水火兵戈盗贼皆不能侵害』。

清 铜鎏金六面十二臂积光佛母

积光佛母六面十二臂。头戴五叶冠，赤发高耸，发间显现一猪头。每面三目圆睁，呈忿怒相。赤裸全身，肩披帛带，左肩斜披络腋，腰缠兽皮。左主臂持三叉戟，右主臂手持金刚钩；其余十臂伸向身体两侧，分持金刚绳、宝剑、钺刀等不同法器。展左直立，足下为椭圆形单层覆莲底座。莲座置于由两只小猪牵引的双轮车辇上。

隆祐太后供奉积光佛母

建炎元年。上驻跸维扬，初隆祐太后孟氏，将去国南向求护身法于道场大德，有教以奉摩利支天母者。及定都吴门念天母冥护之德，乃以天母像奉安于西湖中天竺，刻石以纪事。

——〔宋〕释志磐《佛祖统纪》卷第四十七『法运通塞志第十七之十四高宗』

除了自我隐形和为信徒隐身以避免障难这种防御神通外，积光佛母还具有在罪恶发生之前将其主动除灭的进攻神通，这从积光佛母手持法器中可略窥一斑。积光佛母手持法器有无忧树枝、绢索、金刚杵、金刚钩、弓箭、针线等，其中绢索是用来禁缚一切凶恶之人，令不为害；金刚钩和弓箭则是为降伏恶人所用，无论恶人身处远近，皆能将其捉住；而针线则是积光佛母最为特别的法器，用于缝合冤家对头的眼睛和嘴，使其眼不能看、嘴不能说，无法再害人。

此外，积光佛母还具有其他神通，如保卫国土防止敌兵侵犯、降伏恶龙以降甘露、久雨不止时求得天晴等，还能使修法者增进利益、获得清净大福、增长广大吉祥，最终成就本尊三昧。

正是由于积光佛母可护国安民，『不令鬼神及冤家、恶兽所能为害』等诸多神通，自唐代后期传入中国后，便迅速地为佛教徒所接受，上至皇室，下至庶民，无不虔诚供奉。《佛祖统纪》记载：北宋钦宗靖康二年（一一二七年），都城汴京为金兵所破，徽钦二帝被掳，隆祐太后孟氏被迫逃往南方避难，走之前求护身法于高僧，教以信奉积光佛母，待平安抵达杭州后，为报答积光佛母庇护之功德，将佛母像供奉于杭州西湖的中天竺天宁万寿永祚禅寺内。

积光佛母赞

今此大菩萨，身遍于法界。
清净若虚空，慈光照世间。
明等百千日，能发智慧焰。
烧退烦恼魔，永断贪痴念。
一切诸众生，同沾于利乐。
普发无上心，俱成正等觉。

——《佛说大摩里支菩萨经》第四卷

清代皇室信奉藏传佛教，而积光佛母作为密教四部中功行品的主尊之一，亦广受尊崇，梵华楼、雨花阁等多处宫内佛堂皆有积光佛母的造像和唐卡供奉。就连乾隆四十五年（一七八〇年）六世班禅额尔德尼进京为乾隆皇帝祝寿时，也不忘进献几幅积光佛母唐卡作为寿礼，其中一幅五面十臂积光佛母唐卡笔法精细，最为精美：佛母白色身。每面各有三眼，颜色各异，正面为白色，左侧为一红色猪面，右侧两面为绿色和蓝色，实

清　梵铜金刚亥母

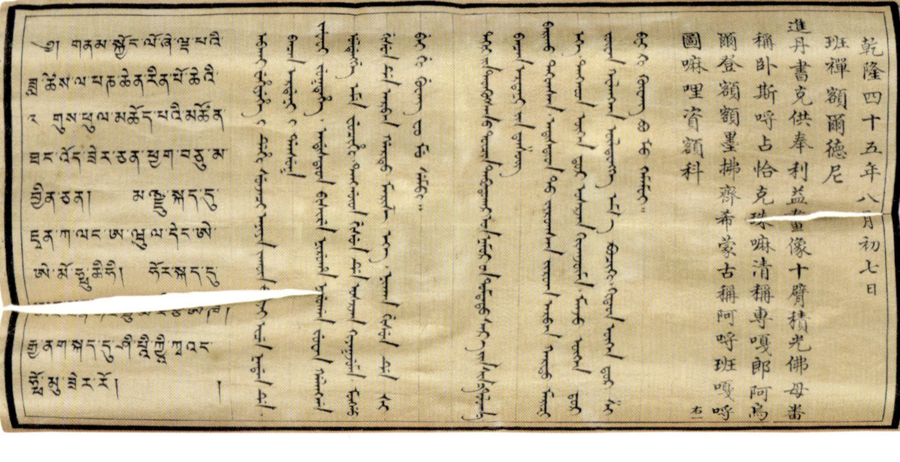

乾隆四十五年八月初七日
班禪額爾德尼
進丹書克供奉利益畫像十臂積光佛母番
稱卧斯呼占恰克琳嘛清稱專嘎郎阿烏
爾登額爾墨拂齊希蒙古稱阿呼班嘎呼
圖嘛哩資額科

左一

清 五面十臂积光佛母唐卡及白绫签

佛母五面颜色表情各异，正面为白色，左侧两面为绿色和蓝色，右侧为一红色猪面，此四面皆呈忿怒相；顶端一面为菩萨寂静相。每面各有三眼，表示照顾一切有情。身体白色，主臂双手各捧一红白日轮和月轮，其余各手伸向两侧，分持不同法器。身佩璎珞，腰间穿彩色布裙，左展立站于莲花座上，莲花座置于六头小猪牵引的四轮车上。蓝色头光，红色身光，顶立佛塔。在画面上方，左侧为大日如来，右侧为释迦牟尼；画面下方为绿勇保护法。此幅唐卡为乾隆四十五年六世班禅进京为乾隆皇帝祝寿时供奉进宫的，画面笔法精细。

际上绿色面孔本为积光佛母背向的面孔，是囿于绘画的平面表现方式而置于右侧的，此四面皆呈忿怒相；顶端一面为黄色，微慎相。头后为蓝色圆形头光，上立红色宝塔。左右主臂各捧一白色月轮和红色日轮，左副臂各持弓、无忧树枝、绢索、线；右副臂各持金刚杵、箭、金刚钩、针。赤裸上身，腰缠花布裙。四足下各踏一冤家身。左展立站于莲花座上，莲座置于六头小黑猪牵引的红色四轮辇上。唐卡上界左侧为大日如来，右侧为释迦牟尼佛；下方为绿勇保护法。

清　金刚亥母唐卡

金刚亥母的形象主要有两种表现形式，即单身像和双身像，此幅唐卡便是单身像的金刚亥母。亥母红色身，头右侧长有一褐色猪头，是辨认此尊的重要标志。左手托着盛满鲜血的嘎巴拉碗，象征她获得了极乐的体验，修证事业成功。左臂夹持喀章嘎，其上部有骷髅、干枯人首和新鲜人首，象征她压服了贪、嗔、痴的侵扰。右手上举，持钺刀，象征清除人的一切愚昧，勾召智慧真性。左腿单腿舞蹈立姿，踩踏人尸，表示战胜外在的敌人。

唐卡背后贴有白绫签，用汉满蒙藏四体文字书写题记，汉文为：『乾隆五十三年十二月二十四日钦命中正殿画佛喇嘛绘画供奉利益画像金刚亥母。』乾隆五十三年为一七八八年。藏文题记与汉文稍有不同，翻译过来为：『中正殿画佛大喇嘛楚臣虔诚供奉金刚亥母唐卡。』藏文题记记录了画家的名字，十分可贵。

清　铜鎏金金刚亥母

金刚亥母一面三目二臂，头戴骷髅冠，赤发高耸，忿怒相，头右侧伸出一猪头。赤裸全身，项挂人头项链，腰缠兽皮。左手捧嘎巴拉碗，左臂弯夹喀章嘎，右手举金刚杵。舞立，足下踩一人尸。椭圆形莲瓣底座，底座正面上沿中间铸阳文『大清乾隆年敬造』款，下沿刻『金刚亥母』，表明其身份。

清　绢绣阴体上乐王佛和金刚亥母唐卡

金刚亥母的双身像表现形式主要是以上乐金刚的明妃形象出现。

上乐金刚，又称胜乐金刚，为藏传佛教中宁玛派、萨迦派、噶举派及格鲁派等教派共修之本尊。上乐金刚的形象有多种，此幅为常见的四面十二臂两足像。

四面颜色各异，居中蓝色，左白色，右红色，后黄色，分别表示降服、息灾、敬爱、增益四种事业和功德。每面有三目，表示能观照过去、现在和未来三世。头戴骷髅冠，表示无常和勇武。项挂五十个人头骨串成的念珠。十二双手臂象征十二个真理，各手分持不同的法器。身体为深蓝色，背披白象皮，腰围虎皮裙，象征无畏和勇猛。展右站立，脚踏一男一女，表示降服了愤怒和色欲。主臂两手分别持金刚杵和金刚铃，并拥抱明妃金刚亥母。

金刚亥母红色身，一面三目二臂，头戴骷髅冠，忿怒相，左手搂抱主尊，右手高举金刚杵，双腿环绕主尊腰间，呈俱喜大乐之相。

画面左上方为一位印度大成就者，右上方为黄教祖师，画面下方为六臂大黑天。

该幅唐卡以绢为地，采用平金、钉线、平绣、套针等针法绣成，颜色鲜艳，为故宫博物院所藏唐卡中的精品之一。

清　梵铜金刚亥母

金刚亥母原本是古代苯教中赞神的一种神灵，后来被莲花生大士降伏，变成密法中的本尊或其护法。

这尊金刚亥母三目圆睁，头戴骷髅冠，赤发上扬，发间向右侧伸出一猪头。裸身形，项挂人头大璎珞。左手托嘎巴拉碗，左臂夹持喀章嘎，右手持钺刀，右腿蜷起，左腿弯曲独立，呈舞立姿，足踏人尸，动感颇强。右膝倚靠粗壮莲枝，平衡了重心，也使造像更加牢固。忍冬纹背光、单层简略的莲座和多折角台座是东印度波罗时期最常见的形式。

本书内容节自《紫禁城》二〇〇七年二月号文明《金猪送福　喜迎丁亥》《猪年·猪神·积光佛母》《猪的典故》。